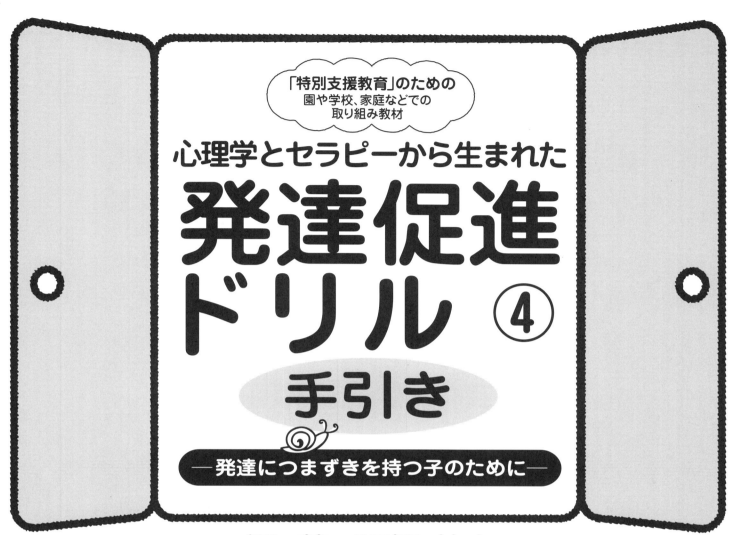

「特別支援教育」のための
園や学校、家庭などでの
取り組み教材

心理学とセラピーから生まれた

発達促進ドリル④

手引き

―発達につまずきを持つ子のために―

編・著／湯汲 英史

〔(公社)発達協会 常務理事／言語聴覚士〕

発 行／すずき出版

発刊にあたって

はじめに ◇◇◇◇◇◇◇◇◇◇◇◇◇◇◇◇◇◇

「子どもの発達は拘束されている」といわれます。

歩くことも話すこともできずに生まれてきた赤ちゃんが、1歳を過ぎた頃から歩けたり、話せたりするようになります。運動の発達では、両足で跳べるのが2歳、スキップができるのが4歳となっています。ことばの面も、1歳は単語、2歳は二語文、3歳になると三語文をまねして言え、5～6歳では文字の読み書きができるようになります。

例えばある子が"ぼくは歩くのは後でいいから、お絵描きが先に上手になりたい"と思っても、特別のことがない限りそれはできないようになっています。"自分の思うようには進めない、成長できない"だから「発達は拘束されている」と表現されます。

子どもの中には、自然に次々と進むはずの発達が、スムーズにいかない子がいます。遅れがちな子もいます。どうしてそうなのか、はっきりとした原因は分かっていません。

ただ、このような子たちへのさまざまな試みの中で、発達を促すために指導や教育が必要なことが分かってきました。そして、指導や教育が一定の効果をあげることも明らかになってきました。

この『発達促進ドリル』シリーズは、発達心理学、認知心理学などの知見をもとに作られました。特に、実際に発達につまずきを持つ子にとって有効な内容のものを選びました。

★4巻では…

4巻では、目には見えないルールのことや、実在しない「抽象語」などを取り上げました。これらが理解されると、日々のさまざまな出来事に対して誤解も少なくなり、安定した状態へとつながることでしょう。

目的 ◇◇◇◇◇◇◇◇◇◇◇◇◇◇◇◇◇◇◇

　このドリルは、子どものことば、認知、数、文字の読み書き、生活、社会性などの面での健やかな発達を求めて作られました。

特色 ◇◇◇◇◇◇◇◇◇◇◇◇◇◇◇◇◇◇◇◇◇◇

①「手引き」では、各問題を解説しました。"子どもの《発達の姿》"として、発達から見た意味を、"指導のポイント"では、子どもの状態を把握できるようにし、また教え方のヒントも示しました。

②内容によっては正答をまず示し、子どもが質問されている内容や答え方などを分かりやすくしました。また、ドリルの中には、ゆうぎ歌もあります。これは、子どもの興味や社会性を高めるために取り上げました。

③このドリルでは、ことば、認知、数、文字、生活、社会性などの領域の問題を取り上げました。ただそれぞれの領域の問題は、明確に独立したものばかりではありません。ことばと生活がいっしょなど、複数の領域にまたがる内容もあります。

　これは、子どもの暮らしそのものが、多様な領域が渾然一体となっていることからきています。

　例えば「洋服を着る」という場面を考えてみましょう。ある子にとってはこのときに、洋服の名前、着る枚数、洋服の色などとともに、用途や裾を入れるなどマナーも学んでいるかもしれません。つまり、子どもは大人のように領域ごとに分けて学ぶ訳ではないということです。

④このドリルは、1冊に12の課題が含まれています。今回のシリーズは10冊で構成されています。シリーズ合計では、120の課題で構成されています。

お願い

　まずは、子どもの取り組もうという気持ちを大切にしましょう。課題の順番に関係なく、子どもの興味や関心に合わせて、できるテーマから取り組んでください。

　子どもによっては、難しい問題があります。難しくてできないときには、時間をおいて再チャレンジしてください。

湯汲　英史

(公社)発達協会 常務理事
言語聴覚士

① ことば（物の名前④）

どれでしょうか？①
「トマトは　どれでしょうか？」

どれでしょうか？②
「バナナは　どれでしょうか？」

どれでしょうか？③
「ブランコは　どれでしょうか？」

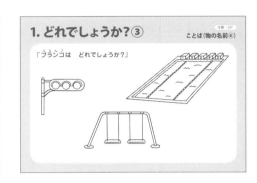

🐻 ことばかけのポイント

● 野菜、果物、町にある物の中で子どもに身近な物を3種類取り上げました。

●「これなに？」と自分から質問してこない子の場合には、大人の方から「これなに？」と聞く必要があります。知らない場合には、名前を教えましょう。

● 野菜や果物などでは、実物を使って「赤いのは　どれでしょうか？」など、色や形の質問も試してみましょう。

子どもの《発達の姿》

　ことばの発達では、爆発期があることが分かっています。爆発期では、それまで少ない語彙数だったのが、ある語数を越えると一挙に増えていく姿が見られます。英単語を覚える際にも、同じことがいえるとされます。ある語数を越えると、そこからは単語を比較的楽に覚えられるようになり、また同時に英文の意味もよく分かってきます。

　絵を選ばせながら「野菜だね」というように、抽象語（分類語）も知らせましょう。そうやって、物には、名前だけでなくカテゴリーがあることを教えます。

　分かることばの数が増えてくると、複数のことばを記憶できるようにもなります。ドリルを裏にして「何の絵がありましたか？」というクイズも試してみましょう。

　また、絵を半分ほど隠して、答えさせてもよいでしょう。一部分から全体を想像する力を高めます。

指導のポイント

★知っていることばの数がとても少ない

　例えば、一般的な家庭の台所には、数百から千単位の物があるそうです。子どもは、それらの物の名前を一度に覚えるのではなく、長い年月をかけて学んでいきます。そういう意味で、ことばの学習には時間がかかり、焦りは禁物といわれます。日々の生活の中で、着実に教えるようにしていきましょう。

② ことば（用途・抽象語：抽象語①）

どれでしょうか？①
「たべものではありません。
　　　　　どれでしょうか？」
「たべものです。どれでしょうか？」

どれでしょうか？②
「のみものではありません。
　　　　　どれでしょうか？」
「のみものです。どれでしょうか？」

どれでしょうか？③
「のりものではありません。
　　　　　どれでしょうか？」
「のりものです。どれでしょうか？」

ことばかけのポイント

●質問の文ですが、いろいろな聞き方があります。「のみものでないのはどれ？」「のみものじゃないよ、どれかな？」「のみものあるね。あれ！ひとつ違うね。どれかな？」などです。子どもが理解しやすい文で質問してください。
●抽象語は会話に頻繁に使われています。それだけに、話しかけるときには配慮が必要です。

子どもの《発達の姿》

　「好きな乗り物は何？」と、子どもに質問します。それに答えられない子がいます。そこで「電車は好き？」と聞くと「好き」と答えます。大人には、どうして「電車」が分かって「乗り物」に答えられないのか分かりずらいと思います。しかし、子どもにとっては「乗り物」と電車では、はっきりとした違いがあります。

　ここで、ことばの質的な違いに目を向け、その学びの過程を示します。例えば、車です。子どもは「ぶーぶー（1歳代）」⇒「くるま・自動車（2歳前後）」⇒「乗る物（2歳後半）」⇒「乗り物（3歳代）」と、理解していくとされます。

　ここで注目すべきは「乗り物」の理解です。

　自動車というような直接的な言い方ではないものの、「乗る物」は、自分の動作をもとにした表現です。

　ところが、自動車も電車もバスも実在しますが「乗り物」は存在しません。「乗り物」ということばは抽象語であり、自動車や電車などを入れる「分類箱」だからです。語彙数は年齢相応にあっても、"見えない・触れない・動きをとおして体験できない" こういった抽象語が分かりにくい子がいます。先ほどの例では、「乗り物」は分類箱で、そのなかにさまざまな乗り物があります。いくつもの乗り物を想像し、そのなかから好きな物を選択するのが難しいといえます。その一方で、「電車」は見たり触ったりできます。「好き・嫌い」のことばが分かるようになれば、「好きかどうか」には答えられます。

指導のポイント

★抽象語が分からない

　ポイントは、ことばだけではなく、絵カードなどを使い、分類したり違う物探しをしたりすることです。そうやってカテゴリーがあることを教えていきましょう。

③ ことば（疑問詞：どこ）

どっち（どこ）でしょうか？①
「こうえんは　どっちでしょうか？」
「スーパーは　どっちでしょうか？」

どっち（どこ）でしょうか？②
「どうぶつえんは　どっちでしょうか？」
「こうえんは　どっちでしょうか？」

どっち（どこ）でしょうか？③
「ここは　どこでしょうか？」

ことばかけのポイント

● 「どっち」から質問します。場所の名前を知らない子どものためです。
場所が分かるようなら、絵を指さして「ここは　どこでしょうか？」と質問しましょう。

子どもの《発達の姿》

　場所には、それぞれ用途があります。公園は遊ぶ所、スーパーは買い物をする所などです。場所の名前だけでなく、「何をする所か？」も教えましょう。そのなかで、例えば、家のトイレも、駅のトイレもまったく違うデザインや空間なのに、同じ「トイレ」ということが分かってきます。
　子どものなかには、家のトイレでしかおしっこをしない、特定のトイレを怖がるといった姿を見せる子がいます。大人は、同じトイレではないかと不思議に思います。これは大人が用途で把握しているからです。ところが、用途が分からず「同じ」と思えない子にとっては、それぞれのトイレはまったく違うものに見えることでしょう。「ここはトイレ、おしっこする所」と教えたいのは、用途で理解できるようにすることでもあります。

指導のポイント

★「どこ」が分からない

　例えば「公園」の絵を見て、「すべり台」「ブランコ」と言う場合があります。そこで、「すべり台があるのはどこでしょうか？」と再度質問し、場所の名前を教えるようにします。トイレやおふろは、狭いことも一因でしょうが、比較的分かりやすい場所の名前です。

★電話で「どこ？」と聞いても分からない

　電話で「どこにいるの？」と聞いても、子どもが答えられない場合があります。大人は、特定の場所を聞きたいと思います。ところが子どもは、なんと答えてよいか分からず立往生してしまいます。場所の名前は子どもにとって答えるのに困ることがあるようです。こういう場合には、子どもに「何が見える？」と聞くとよいでしょう。その答えから、大人は場所を推測します。

④ ことば（文作り：確認・報告）

なんて いうのかな？①
「おさらを あらっています」
「おわったよ」

なんて いうのかな？②
「てを あらっています」
「て あらったよ」

なんて いうのかな？③
「つみきを かたづけています」
「これで いい？」

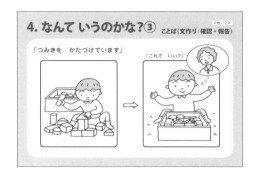

🐻 ことばかけのポイント

● 子どものことばの力に合わせて、子どもに言ってほしい表現は柔軟に考えてください。例えば、まだ単語しか言えない場合は、大人は「ごはん食べたよ」と話しても、子どもは「食べた」と言えればよし、とします。

● もっと長い文章が言える場合には、「ごはん 食べたよ おいしかった」と話し、子どもにも同じように言わせてもよいでしょう。

子どもの《発達の姿》

　子どもは早い時期から、大人の顔色をうかがいながら自分の行動を判断します。

　例えば、テーブルに座って食事をしている場面。子どもが目の前のコップを下に落とそうかどうかと考えているときに、大人の方を見ます。大人がダメというと、やめる場合もありますが、初めの頃はダメと言われても落とすことが多いでしょう。そのうちに、落とさなかったときにほめられる体験をとおして、「落とし遊び」も見られなくなります。このような子どもの行動を「社会的参照行動」といいます。参照行動によって、何がよいことで、何がいけないことなのかを、大人から学んでいきます。この行動があることで、社会に受け入れられる行動を、効率的に学ぶことができます。

　さらに進むと、顔の表情やことばで「これでよいかどうか」を問い合わせる姿が見られ出し、大人の表情やことばを受けて「まる（できた、あってる）」がよいという気持ちが、はっきりとしてきます。

　確認の内容は続いて、相手の「気持ち」や何かの「やり方（方法・手段など）」となり、「考え方を問う」などへと変化、成長していきます。

　報告は、習慣でもあります。繰り返すうちに、自然とできるようになるでしょう。報告ができる子は、人への意識が育っているといえます。

指導のポイント

★確認を求めない

　何かをする前に、「いい？」とことばや目で大人に確認するように教えます。

　確認行為（社会的参照行動）は、社会性の発達にとってはとても重要です。ぜひとも定着させましょう。

★何でも確認する

　確認行動は社会性の表れですが、日常のこまごまとしたことを確かめる子がいます。何を確認してよいかが分からない状態といえます。

　例えば、冷蔵庫のアイスクリームは「食べていいか」を聞くこと、ごはんにふりかけをかけるのは自分で決めてよいこと、というように区分けしながら教えましょう。

かいて みよう①
「かいて　みよう」

かいて みよう②
「かいて　みよう」

かいて みよう③
「かいて　みよう」

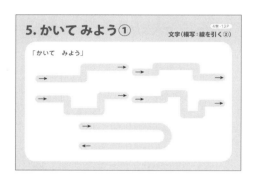

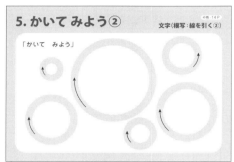

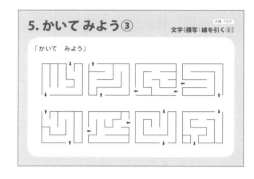

ことばかけのポイント

● 「ピタッと止める」ように指示します。このことが線を引くことへの意識と、運動の巧緻性を高めます。

子どもの《発達の姿》

徐々に手指の動きがスムーズになって、線を引くのがうまくなります。

これには、
（1）物の細部を認識でき、さまざまな形の違いが分かる
（2）目と手指の協応動作が上達する
（3）体の動きが成長する
などがかかわっていると思われます。

指導のポイント

★線をピタッと止められない

目印となる点を描いておき、そこで止めさせます。
《例》

線を上手に引くためには、鉛筆を持つ手指だけでなく、姿勢を一定に保ち、また肩やひじ、手首の関節をコントロールできる力が必要です。

2本指を立てられないと、正しい鉛筆や箸の持ち方はできません。一般的には3歳になってできるとされます。2本指を立てられないと、鉛筆をにぎり込んだり、5本の指が全部伸びたままで持ったりしてしまいます。そこで、小指と薬指を曲げられるようにするためには、2本の指で消しゴムを持たせるなど工夫しましょう。

※このドリルでは、運動の具体的な指導法については触れていません。指導の際には、運動の練習の仕方に詳しい、『うごきづくりのすすめ』（倉持親優／著 かもがわ出版／刊）が、たいへん参考になります。

⑥ 文字 （形の見分け②）

どれとどれでしょうか？①

「4つの えの なかに、おなじものが 2つあります。
どれとどれでしょうか？」

どれとどれでしょうか？②

「4つの えの なかに、おなじものが 2つあります。
どれとどれでしょうか？」

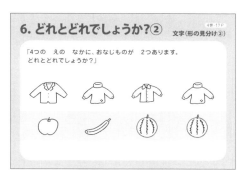

どれとどれでしょうか？③

「4つの えの なかに、おなじものが 2つあります。
どれとどれでしょうか？」

 ### ことばかけのポイント

● 「同じ物が2つあります。どれとどれでしょうか？」というように質問します。

● 3枚目のドリル③には形ではなく、人や動物の表情を入れました。絵を見ながら、「笑っているね」というように感情（気持ち）を表わすことばも教えましょう。

子どもの《発達の姿》

　動物や洋服など、同一のカテゴリーの中から、同じ2つの物を選ぶドリルです。形を見分ける力が高まると、細部の違いで同じかどうかを見分けられるようになります。

　この段階になると、若い人と年寄りの「老若」の違いや「美醜」なども徐々に分かってくるとされます。また、人の表情への関心も高まってきます。

指導のポイント

★ 「2つ」が分からない

　指を2本立てて「いち、に、だよ」といい、「2つ」であることを意識させます。

★ 顔や表情の違いが分からない

　社会的参照行動などが少ないと、当然ですが人の顔や表情を見る経験が少なくなります。このために、顔や表情の違いが分かりにくい可能性があります。まずは、子どもに確認（確認行為）することを教え、それを求めるようにしましょう。

7 文字（空間把握：そば）

どっちですか？①
「そばは　どっちですか？」

どっちですか？②
「そばは　どっちですか？」

どっちですか？③
「そばは　どっちですか？」

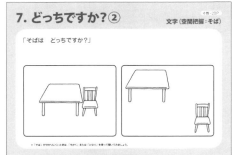

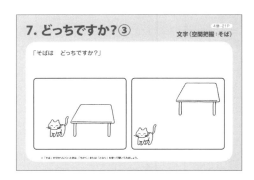

ことばかけのポイント

● 「そばだね」「離れているね」というように、まず説明してから質問しましょう。

子どもの《発達の姿》

「もっとそばに来なさい」と指示しても、子どもはそばに来なかったりします。「そば」と「離れている」は、2つがあってそれぞれを比較するとすぐに分かります。ところが、「そば」とだけ言われると、どれくらいの距離が「そば」なのか、急に判断は難しくなります。「そばに来なさい」と言われて、子ども自身は「そば」に行ったと思っていることもあるでしょう。

逆に、例えば「そんなにそばに来たら歩けないでしょう」ということもあります。このときの「そば」は、「そば過ぎる（近過ぎる）」状態です。大人と子どもの距離のイメージに違いがあります。

人間同士の場合は、相手によって「そば」「ほどよい」「離れている」の感じ方に違いが生じます。仲がよい2人では「そば」の距離が近くなるでしょう。あまり付き合いのない2人では、「そば」の感じが、仲のよい2人よりも距離が遠くなります。

「そば」は、「上下」と同じで、何を基準とするかによって変わります。例えば、隣の駅は遠く離れていると感じますが、国全体から見れば、すぐ「そば」の位置関係になります。「そば」の感覚には個人差があり、また相手との関係や、何を基準に考えるかなどが影響するといえます。

指導のポイント

★「そば」が分からない

2つの物を置いて、実際に見ながら比較し、「そば」と「離れている」を教えましょう。

★近づき過ぎる

いっしょに歩くときや食事をするときなど、相手の身体の動きを邪魔するような位置は「そば過ぎる」距離となります。近過ぎることを伝え、適切な距離を教えましょう。

⑧ 社会性 （模倣・ルール：順番・ルール①）

どっちかな？①
「どっちが　まるかな？」
「どっちが　おにいさん（おねえさん）
かな？」

どっちかな？②
「どっちが　まるかな？」
「どっちが　おにいさん（おねえさん）
かな？」

どっちかな？③
「どっちが　まるかな？」
「どっちが　おにいさん（おねえさん）
かな？」

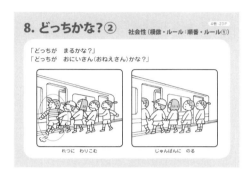

🧸 ことばかけのポイント

● 「こちらの絵は順番に並んでいますね。あれあれ、こっちの絵には列を作れない子がいるよ」というように、絵の説明をします。
● 順番を守らないと、けがをするなど危ないことも話しましょう。

子どもの《発達の姿》

　ある時期から、「順番だから？」「順番にするの？」「○○ちゃんの番」ということばが聞かれるようになります。そうやって確認するうちに、ことばの意味が理解されるのでしょう。

　ことばの意味が理解されると、それまで頻繁に使っていた「順番」を、あまり言わなくなります。「順番」が理解されると、遊びの順番が守れ、列を作れるようになります。そして、これらの行動が自然にできてきます。このように、子どもの人や物とのかかわり方が変化してきます。

　順番を意識しだすと、自分が遊ぶ仲間はだれかなども分かってきます。そういう意識が出てくると、グループから離れて遊ぶ子を注意したり、連れ戻しに行ったりする姿もでてきます。

指導のポイント

★順番を守れない

　順番を守れない子は、遊びのルールを共有できていない可能性があります。このために、いっしょに遊べません。遊びのルールを理解させる前に、順番というルールをしっかりと教える必要があります。それができないと仲間に入れないかもしれません。

　順番が分からない子には、日常の場面でも割り込みなどさせず、順番を守ることを教えましょう。

　順番に並ぶときには、相手が見えています。見えているから順番に並ぶのは理解しやすいともいえます。子どもは、遊びのルールを他の子と共有しながら、そのルールを広げ豊かにしていきます。この「ルールの共有」を学ぶときに、正誤がはっきりとした「順番」は、分かりやすい題材です。順番学習が、子どもにとって、ルール学習の初めの段階にあるのもうなずけます。

9 社会性（模倣・ルール：順番・ルール②）

どっちかな？①
「どっちが　まるかな？」
「どっちが　おにいさん（おねえさん）かな？」

どっちかな？②
「どっちが　さきかな？」
「どっちが　あとかな？」

どっちかな？③
「どっちが　さきかな？」
「どっちが　あとかな？」

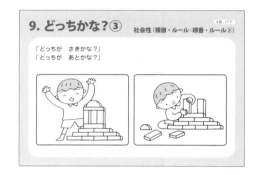

🐻 ことばかけのポイント

● 「さき」「あと」が分からないときには、「まえ」「あと」、「1番、2番」などで試してみましょう。

● 「さき」「あと」は、時間への認識ができていないと難しい課題です。
分かりにくい場合は、時間をおいてチャレンジしてみてください。

子どもの《発達の姿》

　例えば「ペグさし」などで、何色でもかまわずに差していた子が、ある時期から同じ色のペグを選ぶようになります。それまでは、目に止まったものから使っていたのが、一定の基準で選択するようになります。このように、何かをするときに何らかのルールにのっとらないと行動できなくなる段階があります。この段階になると、何かをやるときに自分なりのルールができてきます。

　ときにはそのルールが、みんなとの共有の「アワ（Our）ルール」ではなく、「マイ（My）ルール」のこともあります。当然ですが、マイルールで行動すれば、周りからは自分勝手な、わがままな姿に見えます。こういう場合、まずはどういうルール（考え）で子どもが動いているのかを推測し、その考えの修正をはからないと、行動は変わらないでしょう。

　ルールや順番が分かってくると、物事の「さき」「あと」も分かり出します。テレビのアニメや絵本など、ストーリーのあるものへの興味が強まり、理解も高まります。

指導のポイント

★決まりやルールが分かりにくい

　決まりやルールは見えません。だから分かりにくいといえます。子どもに理解されていない場合、その決まりやルールそのものが子どもにとって分かりにくいとか、なじんでいない、などが考えられます。丁寧に繰り返し教えましょう。

　日々の暮らしには、いろいろな決まりがあります。どんな子でも、その決まりとは無縁ではないでしょう。きっと、決まりを守っていることもあるはずです。

⑩ 社会性（生活：排泄）

どっちでしょうか？①
「トイレは　どっちでしょうか？」

どっちでしょうか？②
「おしっこしているのは　どっちでしょうか？」

どっちでしょうか？③
「おしっこできたのは　どっちでしょうか？」

🐻 ことばかけのポイント

● 絵を見ながら「おしっこしているね」など説明してから、質問しましょう。

子どもの《発達の姿》

"排泄の自立"に必要なのは、3つの能力とされます。
（1）排泄のコントロールができること（自分で筋肉を統御し、排泄を意図的にできる）
（2）「トイレ」が排泄する場所だと分かること
（3）排泄した行為が、「おしっこ」「うんち」ということばだと分かること

これらの力がそろわないと自立しにくいとされますが、さらに「汚れた感じ」も重要です。排泄の自立の前に子どもは、ぬれることに敏感になり、ちょっと水がかかっても着替えようとします。そのことは、下着を汚したくないにつながり、自立を促すのでしょう。ただ敏感になりすぎると、ちょっとぬれただけで着替えなくてはいけないなど、日常生活では問題です。ですから「粘土遊び」や「どろんこ遊び」などをとおして、「汚れても平気」な状態でいられるように大人は慣れさせていくのでしょう。これは、過敏な子どもの感覚を社会的に鈍感にしていくといえます。

指導のポイント

★いつ排泄してよいのか分からない
　時間でトイレに連れて行き、排泄のコントロール力を高めます。

★トイレでしない
　本書P.5の「子どもの《発達の姿》」にも書きましたが、特定のトイレでしかしないという子がいます。また、トイレそのものをいやがる子もいます。「トイレ」の用途が分かっていないことも、それらの理由だと思います。絵や実際の場所を見せて、「おしっこするね」など、用途の説明をするとよいでしょう。

※このドリルでは、排泄などの指導法については触れていません。指導の際には、身辺自立の指導に詳しい、『できる！をめざして』（武藤英夫／著　かもがわ出版／刊）が、たいへん参考になります。

⑪ 社会性 （役割を果たす：〜の仕事①）

だれが きめるのかな？①
「どうして さわいでいるのでしょうか？」
「どうしたらいいでしょうか？」

だれが きめるのかな？②
「どうして いやがっているのでしょうか？」
「どうしたらいいでしょうか？」

だれが きめるのかな？③
「どうして さわいでいるのでしょうか？」
「どうしたらいいでしょうか？」

ことばかけのポイント

● 1枚目のドリル①では、2つの質問のあとに、「帰るのを決めるのは、だれですか？」と質問してみましょう。

子どもの《発達の姿》

　助詞の「の」は「〜ちゃんの」というように、所有を表す意味から使われだします。その次に、「お母さんのお仕事」という具合に、人の働きや役割を示すようになります。すると、それまでお母さんにまとわりついて、料理もできないようにしていた子が、「ママのお仕事」と言えば、離れられるようになってきたりします。

《ドリル①について》

　この子どもは、「帰るかどうかを決めるのは自分」だと思っている可能性があります。だから、先生から「帰る」と言われて怒ってしまいました。決定権は自分にあると思っている「帰りグズ」の子に多い誤解ともいえます。

　このような子に対してある園では「先生のお仕事」や「先生が決めること」を、ひとつひとつきちんと話すようにしました。すると、そのうちに「先生が決める？」と聞いてくるようになったそうです。しかし、初めは「先生が決めます」と言っても、子どもは意味を理解できなかったそうです。

《ドリル②について》

　この子どもも同じです。体に触ってよいかどうかを決めるのは相手だということが分かっていません。この子への対応ですが、髪に触るのを全面的に禁止するのもひとつの手です。しかし、「髪への興味」は人を求めての行動で、発達に根ざした欲求かもしれません。そうであれば、禁止してもやみません。触ってよいかを相手に必ず確認させることを教えたいものです。ときには「ダメ」と伝え、子どもにいつも触れるものではないことを教えた方がよいでしょう。

《ドリル③について》

　この子も、子どもを当てるのは先生の仕事だと思っていないかもしれません。自分で決められると勘違いしている可能性があります。"当てる人は、先生が決める"ことを教えましょう。

指導のポイント

★決定権を誤解している

　日常生活のなかで、決定権への誤解を解くように、繰り返し話していく必要があります。

　また、決定権を明確にするために「○○が決めること」など、はっきりと示しましょう。

　ドリル①からドリル③までのほかにも、決定権への誤解から起こる問題行動は少なくありません。日常生活のなかで、決定権への誤解を解くように、繰り返し教えていく必要があります。

⑫ 社会性 （感情のコントロール力：残念・仕方ない）

なんて いうのかな？①
「どうしたのかな？」
「なんて　いうのかな？」

なんて いうのかな？②
「どうしたのかな？」
「なんて　いうのかな？」

なんて いうのかな？③
「どうしたのかな？」
「なんて　いうのかな？」

ことばかけのポイント

● 「泣いたらおかしいね」と聞いてみましょう。

子どもの《発達の姿》

　気持ちが切り替えられない子には、あきらめの悪い子がいます。あきらめられるようになった子どもの姿を見ながら大人は、「成長したな」と内心で感じます。一方で自己主張が強く、折れることができない子には手を焼きつつ、どこかでおさなさを感じます。

　あきらめの悪い子ですが、他の子に物を貸せない、あげられない子がほとんどのようです。一見ケチのように見えますが、「あげる－もらう」という体験が不足のまま、成長しているように思います。もともと子どもは人に分け与えるのはいやなようです。「はんぶんこ いや！」という2歳の子の姿は、決して珍しくありません。それが3歳前後には、「あげる－もらう」という社会的なやり取りができるようになってきます。やりとりの中で、あげるばかりではなく、もらうこともあることが分かってくるのでしょう。それとともに、自分だけでは決められない「仕方がないこと」の存在にも気づき出します。あきらめの気持ちも働き、貸せるようになるのだと思います。

　「仕方がない」ということばは、子どもの気持ちを切り替えてくれます。大人が「仕方がない」というときには、あきらめの気持ちが強いのかもしれません。

　ところが子どもの「仕方がない」には、未来への期待を感じさせる面があります。その証拠に、「仕方がない」と言いながら、「でも今度ね」「次にやろうね」といったことばがよく続くからです。

　あきらめることによって、再チャレンジする、再出発しようという前向きな気持ちが生まれるのを感じます。あきらめられないと、同じ地点にとどまってしまい、新たに仕切り直しするのが難しくなるともいえます。

　他の人と「あげる－もらう」の関係が作れることは社会性の第一歩といえます。そして「仕方がない」と思えることは、前向きな気持ちを生み出す幕開けのような気がします。

指導のポイント

★すぐにあきらめる

　こういう子には「すぐにあきらめない。もう1回やってみよう」などと話し、簡単にあきらめないよう促しましょう。

心理学とセラピーから生まれた 発達促進ドリル 10巻 内容一覧

※内容は、一部変更される場合があります。ご了承ください。

分類	項目	1巻	2巻	3巻	4巻	5巻	6巻	7巻	8巻	9巻	10巻
A.ことば	擬音語	擬音語①指さし	擬音語②								
	物の名前	物の名前①	物の名前②	物の名前③	物の名前④	物の名前⑤(2切片)	物の名前⑥(3・4切片)		物の名前⑦(5切片)	物の名前⑧(複数)	
	用途・抽象語	用途①		用途②	抽象語①	物の属性①		抽象語②		物の属性②	
	からだの部位	からだの部位①②					からだの部位③			からだの部位④	
	異同弁別(ほか)	おなじ				ちがう①②	間違い探し①	間違い探し②	間違い探し③	探し物	欠所探し
	疑問詞		何	だれ	どこ	いつ	どうやって	なぜ、どうして①	なぜ、どうして②	なぜ、どうして③	なぜ、どうして④
	(表現など)					(表現①)	(様子の表現②)	(理由の表現③)	(理由の表現④)	(理由の表現⑤)	(理由の表現⑥)
	文作り	二語文理解①	二語文理解②	助詞①②	確認・報告	助詞③					
	叙述・説明						叙述・説明①	叙述・説明②	叙述・説明③		
	振り返り							振り返り①	振り返り②	振り返り③	
	(何のお仕事?)						(何のお仕事?①)	(何のお仕事?②)	(何をした?①)	(何をした?②)	(明日は何をする?)
	文の記憶					文の記憶①		文の記憶②			文の記憶③
B.文字	自他の分離 ※短期記憶		2つ			自他の分離①			自他の分離②		
	模写	線を引く①					線を引く②				
	形の見分け・文字		形の見分け①		形の見分け②			文字を読む①	文字を読む②	字を書く	文の記憶①②
	空間把握			上下①②	そば		前後				
C.数	数字						数字(レジスターなど)	数字①	数字②		数字②
	比較	大小比較①	大小②	大小③		高低	長短	多少①	多少②		
	数唱					数唱(5まで)			数唱(10まで)		
	集合数					集合数①		集合数②			集合数③
	順位数(序数)								順位数①	順位数②	
	合成と分解						合成と分解①		合成と分解②③		
D.社会性	模倣・ルール	いっしょに①	いっしょに②				順番・ルール①②	順番と待つ態度			
	思いやり	はんぶんこ①	はんぶんこ②	あげる—もらう①		あげる—もらう②					
	役割を果たす			~して、~やって			~の仕事①	~の仕事②		~の仕事③	
	生活			口を拭く、手を洗う、顔を洗う／歯磨き	排泄		洗顔		一般知識		道徳①②
	感情のコントロール	そっと	大事・大切	手はおひざ	残念・仕方ない		小さな声で言う	[かして]と言う	~かもしれない	わざとじゃない	怒った声を出さない
	問題数	12	12	12	12	12	12	12	12	12	12

※参考文献等は、10巻目で紹介します。

1. どれでしょうか？①

「トマトは　どれでしょうか？」

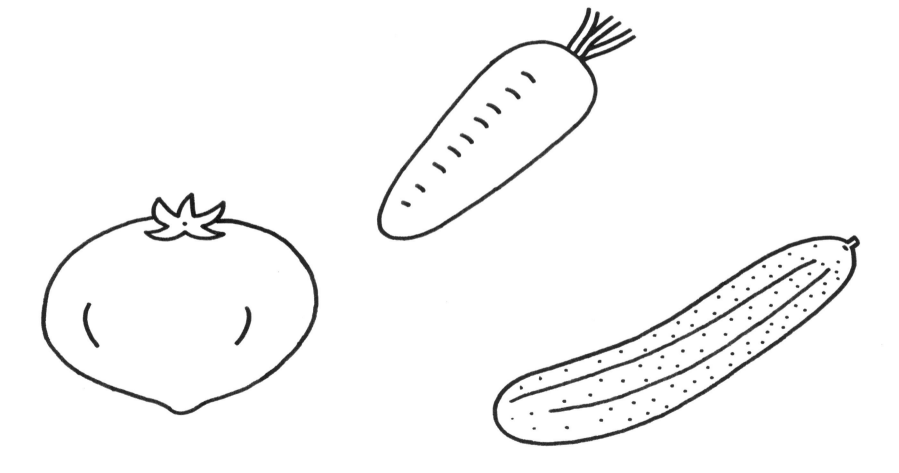

「バナナは　どれでしょうか？」

「ブランコは　どれでしょうか？」

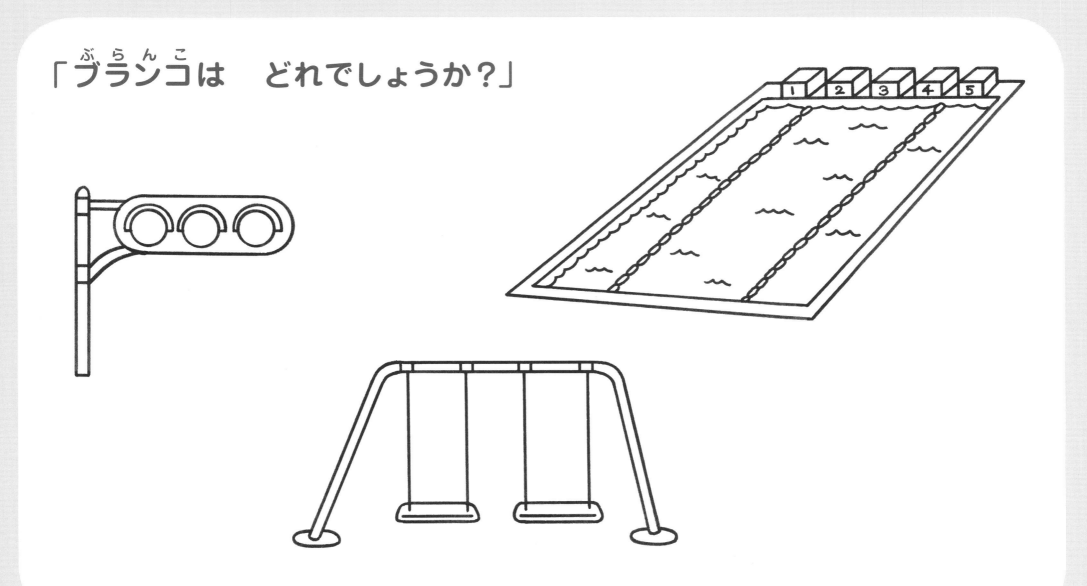

「たべものではありません。どれでしょうか？」

「たべものです。どれでしょうか？」

2. どれでしょうか？②

ことば（用途・抽象語：抽象語①）

「のみものではありません。どれでしょうか？」

「のみものです。どれでしょうか？」

ことば（用途・抽象語：抽象語①）

「のりものではありません。どれでしょうか？」
「のりものです。どれでしょうか？」

3. どっち（どこ）でしょうか？①　ことば（疑問詞：どこ）

4巻-7P

「こうえんは　どっちでしょうか？」
「スーパーは　どっちでしょうか？」

3. どっち（どこ）でしょうか？② ことば（疑問詞：どこ）

「どうぶつえんは　どっちでしょうか？」
「こうえんは　どっちでしょうか？」

「ここは　どこでしょうか？」

※絵を指さしながら、質問しましょう。

4. なんて いうのかな？①

ことば（文作り：確認・報告）

ことば（文作り：確認・報告）

「てを　あらっています」

「て　あらったよ」

「つみきを　かたづけています」

「これで　いい?」

「かいて　みよう」

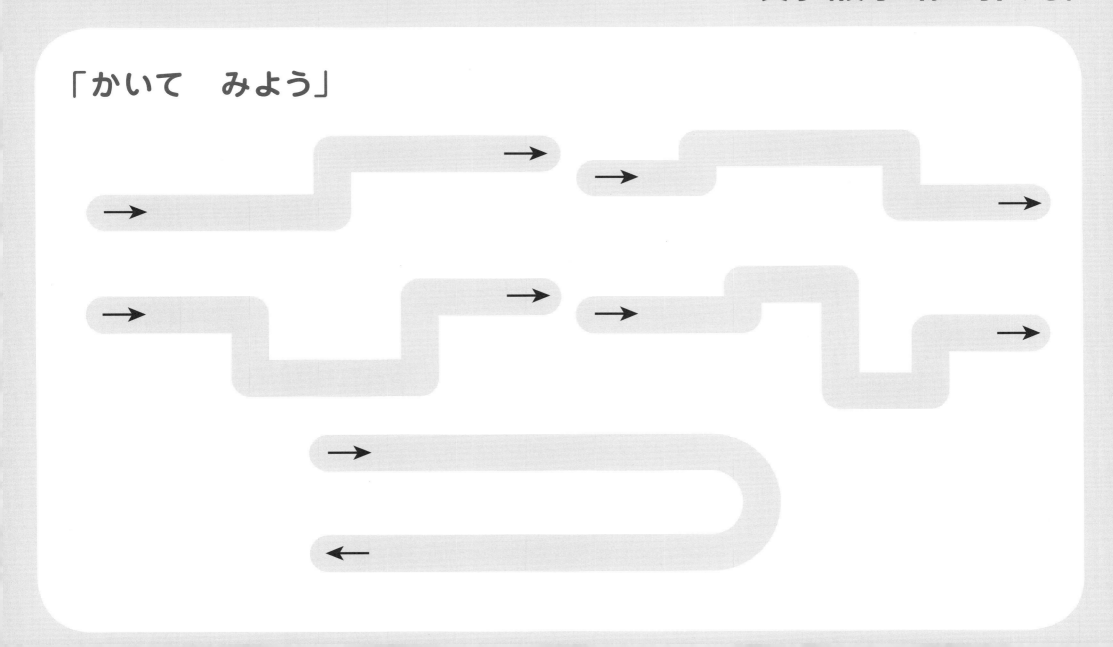

「かいて　みよう」

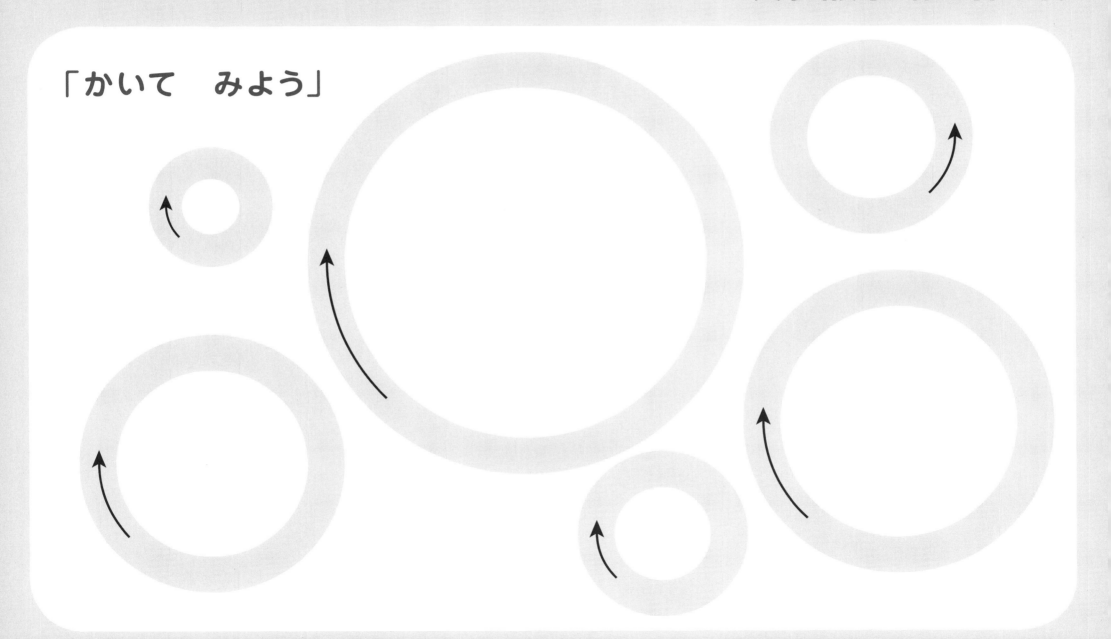

5. かいて みよう③

「かいて　みよう」

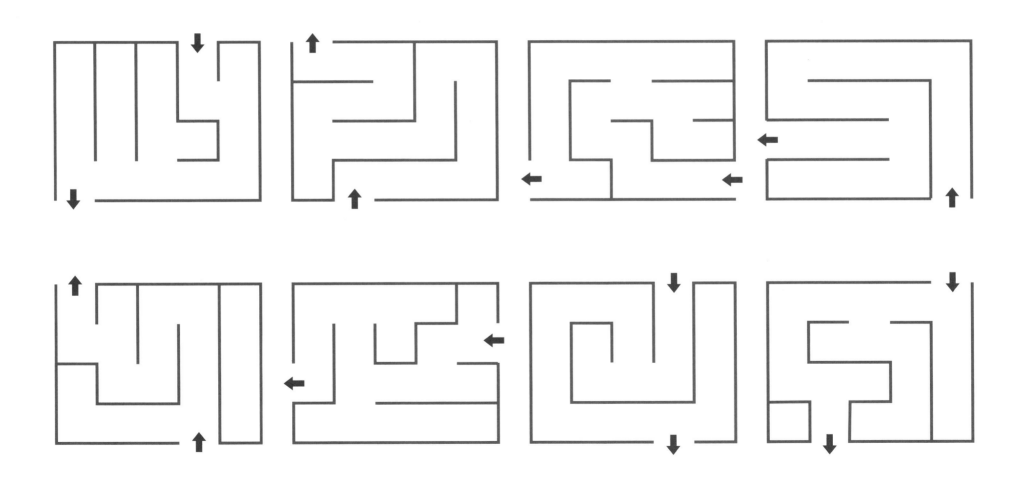

6. どれとどれでしょうか？①

文字（形の見分け②）

「4つの　えの　なかに、おなじものが　2つあります。
どれとどれでしょうか？」

6. どれとどれでしょうか？②

文字（形の見分け②）

「4つの　えの　なかに、おなじものが　2つあります。
どれとどれでしょうか？」

6. どれとどれでしょうか？③

文字（形の見分け②）

「4つの　えの　なかに、おなじものが　2つあります。
どれとどれでしょうか？」

「そばは　どっちですか？」

※「そば」が分かりにくいときは、「ちかく」または「となり」を使って聞いてみましょう。

7. どっちですか？②

文字（空間把握：そば）

「そばは　どっちですか？」

※「そば」が分かりにくいときは、「ちかく」または「となり」を使って聞いてみましょう。

「そばは　どっちですか？」

※「そば」が分かりにくいときは、「ちかく」または「となり」を使って聞いてみましょう。

8. どっちかな？①

社会性（模倣・ルール：順番・ルール①）

「どっちが　まるかな？」
「どっちが　おにいさん（おねえさん）かな？」

じゅんばんに　ならぶ

れつに　わりこむ

8. どっちかな？②

社会性（模倣・ルール：順番・ルール①）

「どっちが　まるかな？」
「どっちが　おにいさん（おねえさん）かな？」

れつに　わりこむ

じゅんばんに　のる

8. どっちかな？③

社会性（模倣・ルール：順番・ルール①）

「どっちが　まるかな？」
「どっちが　おにいさん（おねえさん）かな？」

じゅんばんに　ならぶ

れつに　わりこむ

社会性（模倣・ルール：順番・ルール②）

「どっちが　まるかな？」
「どっちが　おにいさん（おねえさん）かな？」

みんなで　いく

ひとりで　いく

社会性（模倣・ルール：順番・ルール②）

「どっちが　さきかな？」
「どっちが　あとかな？」

社会性（模倣・ルール：順番・ルール②）

「どっちが　さきかな？」
「どっちが　あとかな？」

「トイレは　どっちでしょうか？」

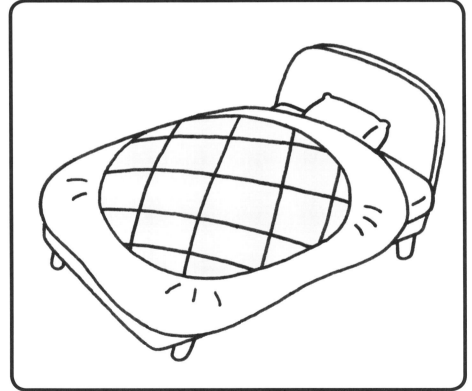

「おしっこしているのは　どっちでしょうか？」

「おしっこできたのは　どっちでしょうか？」

「どうして　さわいでいるのでしょうか？」

「どうしたらいいでしょうか？」

※状況：お帰りになっても「まだ遊ぶ！」と言って帰りません。

11. だれが きめるのかな？② 社会性（役割を果たす：〜の仕事①）

「どうして　いやがっているのでしょうか？」
「どうしたらいいでしょうか？」

やめて！

※状況：勉強中に、前の席の女の子が「やめて！」と言っているのに髪の毛を勝手に触っています。

11. だれが きめるのかな？③ 社会性（役割を果たす：〜の仕事①）

「どうして　さわいでいるのでしょうか？」
「どうしたらいいでしょうか？」

※状況：勉強中に、先生から指されていないのに「ぼく、ぼく」と言って、立ち上がっています。

12. なんて いうのかな？① 社会性 （感情のコントロール力：残念・仕方ない）

「どうしたのかな？」
「なんて　いうのかな？」

※状況：おもちゃのロボットで遊んでいたら、ロボットの腕が取れてしまいました。

12. なんて いうのかな？ ②
社会性
（感情のコントロール力：残念・仕方ない）

「どうしたのかな？」
「なんて　いうのかな？」

※状況：友だちとトランプで遊んでいたら、負けてしまいました。

12. なんて いうのかな？③ 社会性（感情のコントロール力：残念・仕方ない）

「どうしたのかな？」
「なんて　いうのかな？」

※状況：外で遊ぼうと思っていたら、雨が降ってきてしまいました。